Pettersson und Findus™

Meine ersten Buchstaben und Zahlen

KARIBU

Pettersson und Findus sind am liebsten draußen in der Natur. Aber auch der alte Pettersson notiert sich Dinge, steckt seine Nase manchmal gern in ein Buch und schreibt auf seine Vorratsdosen mit Zucker und Salz, was worin ist. Außerdem wiegt er Zutaten ab. Sonst würde er Findus' geliebte Pfannkuchentorte vielleicht versehentlich versalzen. Buchstaben, Zahlen und Zeichen erleichtern uns den Alltag. Und wenn du neugierig auf sie bist, lernst du in diesem Buch das Abc und die Zahlen von 1 bis 10 nicht nur kennen, sondern erfährst auch noch, was du mit ihnen alles machen kannst.

Sich zu konzentrieren, ganz genau hinzusehen, eine Weile nachzudenken – diese Sachen sind wichtig für die Vorschule und die Grundschule. In diesem Buch übst du gemeinsam mit einem Erwachsenen oder einem älteren Geschwisterteil genau diese Dinge. Außerdem lernst du Zahlen und Mengen, Buchstaben und Silben, Wörter und Sätze kennen. Auf jeder Seite erfahrt ihr in einem kleinen Kasten, was du zusammen mit deinem Lieblingskater Findus wieder Neues entdeckt hast. Los geht's!

Inhalt

Überall sind Buchstaben 6

A wie Andersson, Z wie Zelt 8

Längs und quer mit Peterssons Möbeln 10

Oben ein Muckla und unten ein Muckla 12

Gemüsebeet, Tiefkühlerbsen und Peterssons Hut 14

Pet-ters-son und Fin-dus tanzen Silben 16

Überall sind Zahlen 18

Zehn Hühner beim Kaffeeklatsch 20

Wimmeliges Abenteuer am See 22

Fünf rote Himbeeren 24

1 alter Mann + 1 Kater = 2 allerbeste Freunde 26

Ganz besondere Schriften und Zahlen 28

Bildquellen · Impressum 30

Überall sind Buchstaben!

LERNZIELE
- → Woher kommt die Schrift?
- → Wofür brauchen wir Schrift?
- → Andere Schriftbilder kennenlernen

Hast du schon mal überlegt, was passiert, wenn du sagst: »Ich möchte 2 Stücke Pfannkuchentorte«? Du benutzt Wörter und eine Zahl. Die Wörter bestehen aus Buchstaben, die aus den Lauten unserer Sprache entstanden sind. Buchstaben und Zahlen begegnen uns überall – oft sind sie aufgeschrieben, denn wir benutzen die Schrift, um das, was wir sagen, sichtbar zu machen.

Mit der **Schrift** schreiben und lesen wir:

Rezepte und Speisekarten

Postkarten und Briefe

Einkaufszettel und Erinnerungen

Gebrauchsanweisungen

Was fällt dir noch ein?

Bücher und Geschichten

Nachrichten und Zeitungen

Verpackungen

Von jeher haben die Menschen gemalt, was in ihrem Leben passiert ist: Immer wieder entdecken Forscher überall auf der Welt **Bilder an Höhlenwänden**. Meistens sind Tiere darauf.

Die **Keilschrift** ist die älteste Schrift, die wir kennen. Sie entstand vor etwa 5000 Jahren. Fast zur gleichen Zeit erfanden die Ägypter kleine Bilder, die einen Sinn oder Laute darstellen.

Vor etwa 3600 Jahren überlegten sich die Menschen in Syrien und Palästina, dass es einfacher ist, Buchstaben zu lernen als so viele Keilschriftzeichen. So entstand das erste **Alphabet**. Es ist noch heute die Grundlage für unser Abc.

𐤀 A 𐤊 K 𐤌 M

A wie Andersson, Z wie Zelt

LERNZIEL

→ Großbuchstaben und Kleinbuchstaben kennenlernen

Ein Buchstabe sieht in seiner kleinen Form meistens anders aus als in der großen Form – aber sie hören sich gleich an.

Am Anfang des Lesen- und Schreibenlernens stehen immer die Buchstaben. Mit Buchstaben bezeichnen wir Laute. Wörter bestehen aus mehreren Buchstaben, sind also einige Laute zusammen. In der Schule lernst du einen Buchstaben nach dem anderen kennen – hier sind alle 26 versammelt. Weißt du schon, mit welchem Buchstaben Findus anfängt?

Ii
Jj
Kk
Ll
Mm
Nn
Oo
Pp
Quak
Qq
Rr
Ss
Tt
Uu
Vv
Ww
Xx
Yy
Zz

Längs und quer mit Petterssons Möbeln

LERNZIELE
- → Längsstriche und Querstriche üben
- → Buchstaben erkennen

In Petterssons Haus stehen jede Menge Tische und Bänke, Regale und Schränke. Bestimmt fällt dir etwas auf, wenn du mit den Fingern ihre Kanten entlangfährst. Genau! Ihre Ränder verlaufen längs oder auch quer. Genauso ist es mit ganz vielen unserer Buchstaben.

Fahre **mit dem Finger** die Buchstaben nach.

Die Mucklas haben die Hälfte von einigen **Buchstaben** geklaut. Weißt du, welche Buchstaben es sind? Ein kleiner Tipp: Wenn du einen Spiegel auf die gestrichelte Linie stellst, dann siehst du die Buchstaben wieder komplett.

Schnapp dir ein großes weißes Papier oder lege Packpapier auf den Boden, male viele **Längs- und Querstriche** oder übe auch schon mal einzelne Buchstaben. Du solltest dabei immer auf die Schreibrichtung achten: Wir schreiben von links nach rechts und von oben nach unten.

Oben ein Muckla und unten ein Muckla

Überall in Petterssons Haus gibt es Mucklas, auch wenn der alte Mann sie nicht sehen kann: Sie sitzen links am Tisch und rechts auf den Möbeln, leben unter dem Küchenfußboden und schaukeln oben auf der Lampe. Auch manche Buchstaben sind nach unten oder oben offen. Stellst du sie auf den Kopf, sind es wieder andere Buchstaben.

LERNZIELE
- → Oben und unten zur Unterscheidung von Buchstaben
- → Rechts und links zur Unterscheidung von Buchstaben

Die Mucklas versuchen, Tassen zu balancieren. Welche Mucklas schaffen es, die Tasse **oben** auf dem Kopf zu halten?

Schau dir diese Buchstaben genau an: Sie sind nach oben oder unten **offen** oder haben einen kleinen Strich nach oben oder unten. Eine kleine Veränderung macht aus ihnen also einen neuen Buchstaben.

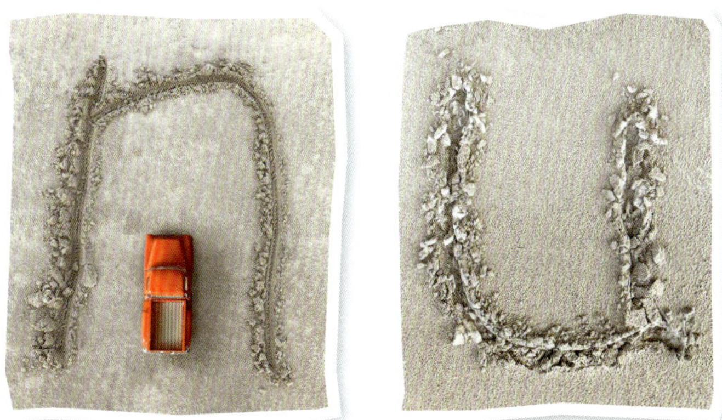

Male ein n in den Sand. Du kannst von unten ein Auto hineinfahren lassen – so kannst du das **n** vom **u** unterscheiden.

Da hat sich ein kleiner Wurm in den Apfel geschlichen. Weißt du, wo er nach **links** und wo nach **rechts** schaut?

Auch beim Lesen ist es wichtig zu wissen, wo rechts und links ist. Fällt dir bei diesen **Buchstaben** etwas auf?

Gemüsebeet, Tiefkühlerbsen und Petterssons Hut

LERNZIELE

- → Lange Wörter, kurze Wörter
- → Trainieren der Merkfähigkeit

Der Name von Kater Findus ist eher kurz, der von Pettersson schon etwas länger – und das liegt nicht daran, dass Pettersson der Ältere der beiden ist. In der deutschen Sprache gibt es Hunderttausende von Wörtern. Man kann sie nur schwer zählen, da immer wieder neue Wörter entstehen und alte Wörter verschwinden. Und es gibt viele sehr lange Wörter, aber auch ganz kurze.

Schau dir die Bilder und die dazugehörigen Wörter genau an oder lasse sie dir vorlesen. Hörst du den Unterschied? Welche Wörter sind **lang** und welche **kurz**?

Ski

Gänse-
blümchen

Schokolade

Ball

Uhr

Bandwurmwörter:

Bei uns gibt es wirklich lustige lange Wörter.
Kannst du diese hier nachsprechen?

- Seepferdchenprüfungsschwimmbecken
- Fußballweltmeisterschaftsendrunde
- Dampfschifffahrtsgesellschaftskapitän
- Schokoladenweihnachtsmanneinpackpapier

Das ist eine Besonderheit der deutschen Sprache:
Du kannst so viele Wörter aneinanderhängen, wie du magst.
Denk dir doch mal was Lustiges aus!

Manchmal reichen sogar **zwei Buchstaben**, um ein Wort zu bilden:

Ei au ja an ob

Welche Wörter fallen dir noch ein?

Wörterschlange:

Wenn du an das Wort »Fisch« denkst, was fällt dir dazu ein?
Vielleicht der Goldfisch? Hier sind zwei Wörter zusammengesetzt, nämlich »Gold« und »Fisch«.

Und mit solchen Wörtern kannst du ein tolles Spiel spielen.
Fang doch mal an: Du nimmst immer das hintere Wort und stellst es an den Anfang für ein neues Wort:
Gold-Fisch. Fisch-Futter. Futter-Mais. Mais-Kolben. Kolben-Zange.
Oder:
Haus-Tier. Tier-Garten. Garten-Schlauch. Schlauch-Boot.

Bestimmt hast du viele eigene Ideen!

Pet-ters-son und Fin-dus tanzen Silben

LERNZIEL
→ Wörter in Silben unterteilen

Hast du Lust zu tanzen? Das geht ganz wunderbar, wenn du dazu rufst: »Pet-ters-son!«, »Fin-dus!«, »Ge-mü-se-beet!« Jedes dieser Wörter hat einen eigenen Rhythmus. Bewege dich dazu, mache Schritte, klatsche in die Hände, stampfe mit den Füßen oder springe in die Luft – schon tanzt du deinen eigenen Silbentanz.

Jetzt weißt du schon, dass aus Buchstaben Wörter und Sätze entstehen. Und Wörter kannst du unterteilen in Silben. Kurze Wörter bestehen aus einer **Silbe**, lange aus zwei, drei oder mehr Silben – du merkst das automatisch, wenn du dazu springst oder klatschst. Wenn du die Silben eines Wortes gut erkennst, kannst du leichter Lesen und Schreiben lernen.

To ma te

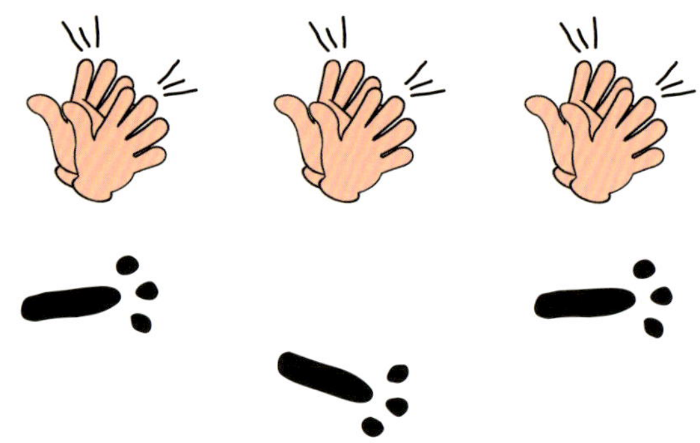

1. Schritt 2. Schritt 3. Schritt

Klatsche oder **springe** wie Findus die Silben dieser Wörter:

Li-bel-le

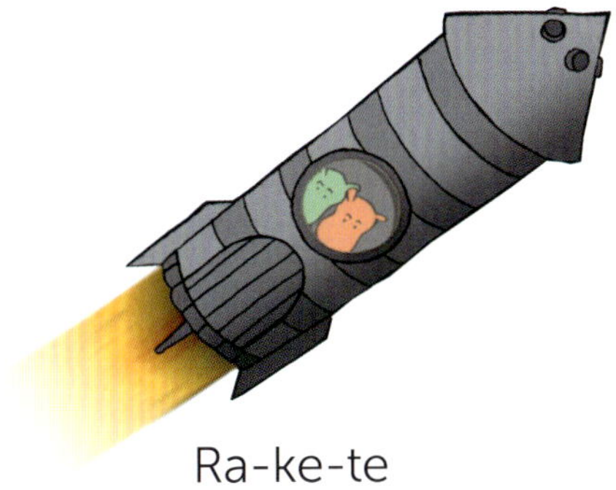

Ra-ke-te

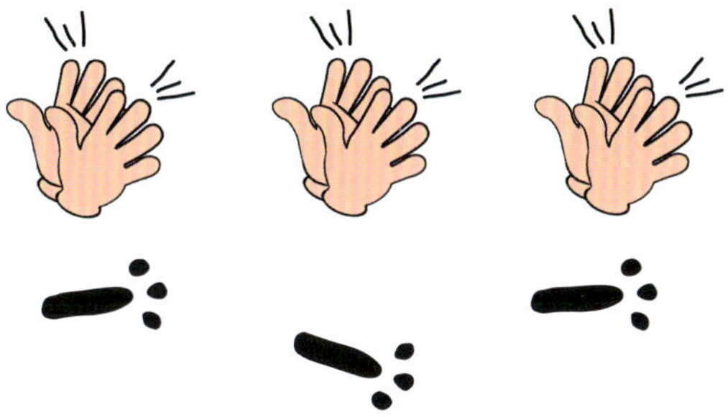

Vo-gel

Schmet-ter-lin-ge

Silben finden sich in jedem Wort – auch in denen, die du gar nicht kennst. Klatsch doch mal Wörter in einer Fremdsprache! Kannst du dir vorstellen, was sie bedeuten?

Türkisch: Mü-zik (Mu-sik)

Englisch: E-le-phant (E-le-fant)

Französisch: Dou-che (Du-sche)

Spanisch: Ca-pu-cha (Ka-pu-ze)

Swahili: Ha-ku-na Ma-ta-ta? (Al-les gut?)

Denk dir mal ganz lange Wörter aus – wie viele **Schritte** kannst du machen? Findest du ein Wort mit so vielen Silben, dass du einmal durch den ganzen Raum marschierst?

Überall sind Zahlen

LERNZIELE

- Wer hat die Zahlen erfunden?
- Wo gibt es überall Zahlen?
- Wofür brauchen wir Zahlen?

Um Mehl, Eier und Milch in den Pfannkuchenteig für Findus' Lieblingstorte zu geben, liest Pettersson nicht nur das Rezept, auf dem alles draufsteht, sondern er wiegt auch die richtige Menge Mehl und Milch ab und zählt die Eier. Dafür – und für noch so vieles mehr – muss er die Zahlen kennen.

Wo du hinschaust, überall um dich herum entdeckst du **Zahlen**. Zahlen helfen uns in unserem Alltag, wir benutzen sie zum Zählen und Rechnen. Ohne sie würde unser Leben ganz anders aussehen: Wir könnten nicht sagen, wie alt wir sind, wie groß und wie schwer, wir könnten nicht wiegen und messen und viele Erfindungen gäbe es gar nicht.

Lineal oder Maßband

Hausnummer

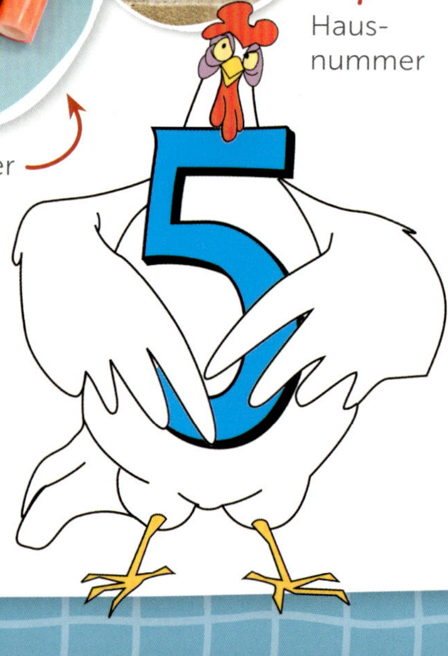

Waage

Münzen und Geldscheine

Uhr

٣ Vor ganz langer Zeit haben die Menschen ihre Finger zum **Zählen** benutzt. Wenn die nicht reichten, schnitzten sie Kerben in Hölzer. Erst vor etwa 10 000 Jahren wurden Zahlen geschrieben. Sie wurden von den Indern erfunden und kamen durch die Araber nach Europa. Deshalb heißen sie »arabische Zahlen«. Erkennst du Ähnlichkeiten?

٠	١	٢	٣	٤	٥	٦	٧	٨	٩
0	1	2	3	4	5	6	7	8	9

Auch die Römer benutzten ihre Finger zum **Rechnen**: Für die 1 zeichneten sie einen Finger oder einen Strich, für die 2 zwei Finger, für die 3 drei und für die 4 vier. Die 5 sieht aus wie ein V – wie eine volle Hand. Und die 10 wie zwei komplette Hände.

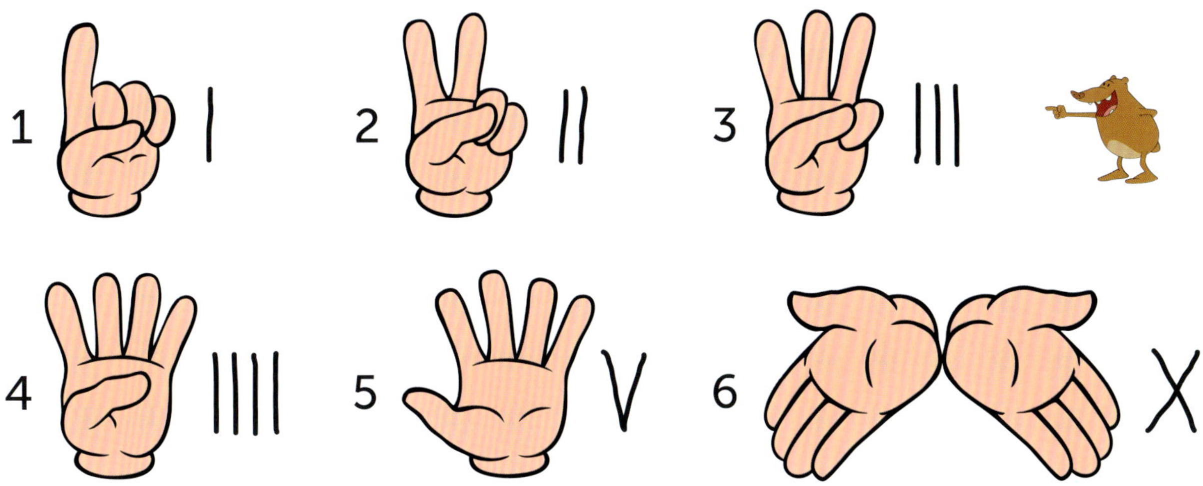

Zum Messen und Wiegen brauchen wir die Zahlen.
Was kannst du alles **messen**?

Temperatur

Zeit

Elektrizität

Stückzahl und Größe

Kraft und Geschwindigkeit

Gewicht

Zehn Hühner beim Kaffeeklatsch

Prillan, Mathilda, Fia, Doris, Majros, Soffi-Moffi, Stina-Fina, Henrietta, Henni – und manchmal kommt Tante Agathe zu Besuch: Bei Pettersson und Findus auf dem Hof leben zehn Hühner. Wenn sie bei ihrem Kaffeekränzchen laut plappern und alle dabei durcheinanderlaufen, ist es manchmal ganz schön schwer, sie zu zählen. Wie viele Hühner entdeckst du auf dieser Seite?

LERNZIELE

- → Zahlenraum 1–10
- → Zahlen schreiben
- → Reihenfolge von Zahlen

Auf dem Bild haben sich noch andere Dinge versteckt. Was siehst du wie oft?

Hühner

Mucklas

Schmetterlinge

Blumen

3 Fahre **mit dem Finger** die Zahlen nach.
Hast du eine Lieblingszahl?

Zum Zahlenschreiben benutzen wir zehn Zeichen. Diese Zeichen heißen auch **Ziffern**.
Mit den zehn Ziffern können wir jede Zahl schreiben, die es gibt.

Wimmeliges Abenteuer am See

LERNZIELE
- → Zählen
- → Mengen untergliedern
- → Unterscheidung weniger/mehr

Pettersson und Findus lieben es, am See zu angeln. Dort gibt es so viel zu sehen! Findus kommt aus dem Staunen gar nicht mehr heraus. Er entdeckt immer wieder neue Blumen, Gräser, verschiedene Fische und andere Tiere. Wie viele es wohl von welcher Art gibt?

Schau dir die Fische und Schmetterlinge erst mal an, ohne zu zählen: Von welchen gibt es ganz **viele** und von welchen gibt es nur **wenige**? Dann erst zähle laut und deutlich. Wenn ihr zu zweit seid, kann auch jeder eine Art zählen – und am Schluss rechnet ihr beide Arten zusammen. Das ist dann aber schon ganz schön schwierig.

Schnappt euch, wenn ihr zu mehreren seid, Weintrauben und haltet sie in der Hand. Nun **zählt** jeder seine Trauben: Wer hat weniger und wer hat mehr? Und wie viele müssen noch verteilt werden, damit alle gleich viele Trauben haben? Danach esst ihr nach und nach die Trauben auf – und zählt dabei immer wieder nach, wie viele Trauben sich noch in eurer Hand befinden.

Fallen dir andere Sachen ein, die weniger werden können?

Zähle erst die linke und dann die rechte Hälfte der Bilder. Was siehst du?
Mehr, weniger – oder **gleich viel**?

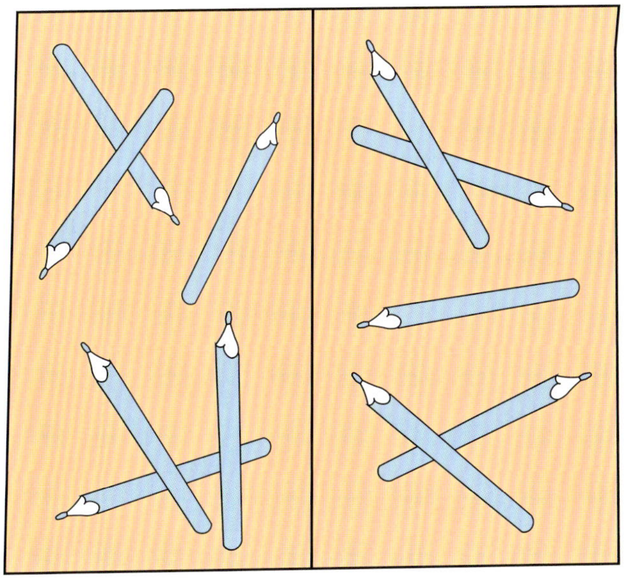

Fünf rote Himbeeren

5

LERNZIELE
- → Die Zahl 5 zerlegen
- → Würfelbilder kennenlernen
- → Die Zahl 6 zerlegen

Wenn es im Sommer schön warm ist und die Sonne viele Tage scheint, wachsen in Peterssons Garten rote, saftige Himbeeren. Und Findus kann gar nicht genug von den süßen Früchten bekommen. Mit einem großen Korb sammeln Pettersson und er die Himbeeren ein. Dann sortieren sie die Himbeeren: Immer fünf Stück auf einen Haufen, aber sie sind alle unterschiedlich verteilt.

Schau dir deine linke Hand an: **Wie viele** Finger hast du an ihr? Und wie viele Finger an der rechten Hand? Weißt du schon, wie viele Finger beide Hände zusammen haben?

Wenn du die Zahl **5** schreiben möchtest, kannst du dir dafür gut folgenden Spruch merken:

Erst Hals und Bauch,
dann Mütze auch.

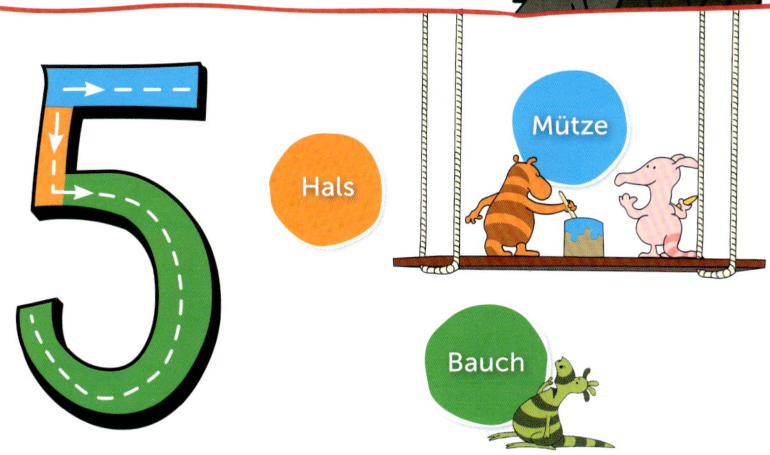

Vielleicht fallen dir ja auch lustige Sachen zum Schreiben der anderen Ziffern ein?

Sieh dir die bunten Würfel an: Kennst du die **Würfelpunkte** von eins bis sechs? Wenn du mit zwei Würfeln würfelst, gibt es verschiedene Möglichkeiten, wie das Ergebnis der beiden Würfel die Zahl **6** ergibt.

1 alter Mann + 1 Kater = 2 allerbeste Freunde

LERNZIELE

- Rechenzeichen
- Erstes Minus- und Plusrechnen

Herumtoben, Abenteuer erleben, die Natur entdecken – all das macht Findus für sein Leben gern. Genauso schön findet er es aber, im Haus zu spielen und Pettersson bei seinen Erfindungen zu helfen. Bestimmt baust du auch gern mit Bauklötzen und Legosteinen oder machst Brettspiele mit Würfeln und Figuren. Bei all diesen Spielen brauchst du Mathematik, auch wenn du es gar nicht merkst.

Mathematik – kurz Mathe genannt – ist eine Wissenschaft, zu der das Zählen und Rechnen gehören. Sie benutzt eigene Wörter und Zeichen, die überall auf der Welt verstanden werden.

plus · minus · mal · geteilt durch · ist gleich

Das Kreuz ist das **Pluszeichen**. Es steht in einer Rechnung immer dann, wenn etwas zusammengezählt wird, wenn es also mehr wird.

Wenn du zwei Äpfel hast und einen Apfel dazubekommst, dann hast du insgesamt drei Äpfel. Als Rechnung sieht das so aus:

2 Äpfel + 1 Apfel = 3 Äpfel

Der einzelne Strich ist das Rechenzeichen **minus**. Es zeigt an, dass bei einer Rechnung etwas weggenommen wird – es wird also weniger.

Du hast zwei Äpfel und isst einen Apfel auf. Übrig bleibt ein Apfel. Die Rechnung schreibst du so auf:

2 Äpfel – 1 Apfel = 1 Apfel

Die zwei Striche bedeuten so viel wie **»ist gleich«**. Hinter ihnen findest du das Ergebnis deiner Rechnung.

Siehst du die Aufgaben? Versuche, sie zu **rechnen**. Die Frösche helfen dir dabei, die richtige Zahl hinter dem »Ist gleich«-Zeichen zu finden.

2 + 4 = ?

2 + 2 = ?

2 + 1 = ?

2 + 3 = ?

Hier rechnest du deine ersten **Minusaufgaben**. Die Mucklas haben eine oder mehrere von fünf Himbeeren aufgegessen, aber sie helfen dir, das Ergebnis zu finden. Probiere es doch mal aus!

5 – 1 = ?

5 – 2 = ?

5 – 3 = ?

5 – 4 = ?

Ganz besondere Schriften und Zahlen

Hühner gackern, Kater miauen, alte Männer grummeln manchmal – so hat jeder seine eigene Sprache, nicht nur in dem kleinen Dorf in Schweden, in dem Pettersson und Findus leben, sondern überall auf der Welt. Und es gibt auch Schriften, Zahlen und Zeichen, die etwas ganz Besonderes sind.

LERNZIEL
→ Andere Schriften und Zeichen kennenlernen

Blinde können nur sehr schlecht oder gar nicht sehen. Damit sie trotzdem lesen können, gibt es die **Blindenschrift**. Das ist keine Schrift zum Lesen mit den Augen, sondern zum Ertasten mit den Fingerkuppen. Sogar Musiknoten können Blinde mit dieser Schrift erfassen.

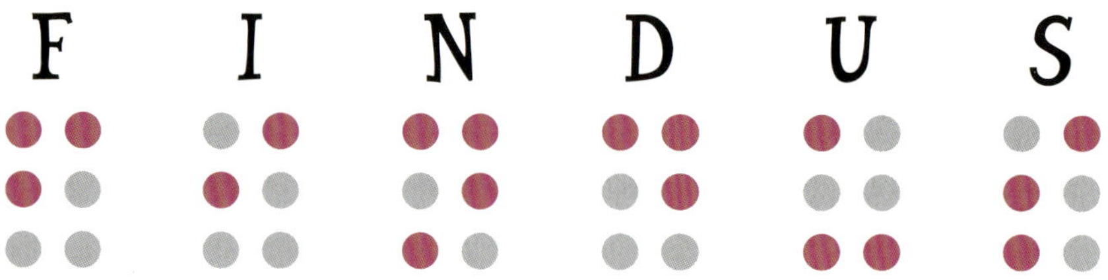

Vor fast 200 Jahren überlegte sich Samuel Morse, wie man Nachrichten am besten über weite Entfernungen verschicken könnte – und erfand den Morseapparat. Dieser Apparat konnte allerdings nicht vorlesen oder schreiben, sondern sendete nur lange und kurze elektrische Signale. Also ordnete man jedem unserer 26 Buchstaben ein Signal zu, das der Empfänger hören und »lesen« kann.

Um zu morsen, brauchst du keinen Apparat, das geht auch prima mit Klopf- oder Lichtzeichen. Schnappt euch eine Taschenlampe und schaltet sie an und aus oder stellt euch von beiden Seiten an eine Wand und klopft. Kannst du »FINDUS« **morsen**?

MORSEALPHABET

● kurz – lang

A	●–	J	●–––	S	●●●
B	–●●●	K	–●–	T	–
C	–●–●	L	●–●●	U	●●–
D	–●●	M	––	V	●●●–
E	●	N	–●	W	●––
F	●●–●	O	–––	X	–●●–
G	––●	P	●––●	Y	–●––
H	●●●●	Q	––●–	Z	––●●
I	●●	R	●–●		

In vielen Märchen spielt die **Zahl 7** eine besondere Rolle. Schneewittchen versteckt sich hinter den sieben Bergen bei den sieben Zwergen, der Wolf ärgert die sieben Geißlein oder das tapfere Schneiderlein erledigt gleich sieben Fliegen auf einmal. Und unsere Woche hat sieben Tage und der Regenbogen sieben Farben. Fällt dir noch mehr ein?

Frauen und Männer, die sich ganz viel mit Zahlen und ihrer Bedeutung beschäftigen, heißen Numerologen.

Wenn wir heute Nachrichten verschicken, brauchen wir manchmal gar keine Buchstaben mehr dafür, sondern haben eine unglaublich große Menge an lustigen Zeichen und kleinen Bildchen zur Auswahl, die ausdrücken, wie wir uns fühlen. Diese Zeichen heißen **Emoticons**.

Bildquellen

Illustrationen:
© 2019 Edel Germany GmbH, Happy Life Animation AB, A. Film A/S, All rights reserved.
Lizenz durch Edel Music & Entertainment GmbH, Hamburg. www.edel.com

Fotos:

Shutterstock:
Seite 7 (Ägyptische Zeichen): © Fedor Selivanov, Seite 7 (Ägyptische Zeichen): © Fedor Selivanov, Seite 7 (Höhlenschrift): © Palanjyan Ashot, Seite 13 (Auto): © Mr.Whiskey, Seite 15 (Schokolade): © Chepko Danil Vitalevich, Seite 15 (Ball): © tomertu, Seite 16 (Handzeichen): © robuart, Seite 17 (Handzeichen): © robuart, Seite 18 (Hausnummer): © Rafael Croonen, Seite 18 (Waage): © Maglara, Seite 19 (Arabische Zeichen): © Victor V. Hoguns Zhugin, Seite 19 (Handzeichen): © ColinCramm, Seite 19 (Arabische Zahlen): © kamomeen, Seite 24: (Himbeeren): © Epine, Seite 25: (Bemalte Hände): © Africa Studio, Seite 26 (Zahlen und Zeichen): © ismagination, Seite 26 (Rechenzeichen): © ismagination, Seite 26 (Rechenzeichen): © AHBAU, Seite 28 (Blindenschrift): Nixx Photography, Seite 29 (Emoticons): Rawpixel.com

Pixabay:
Seite 14 (Erbsen): © PDPics, Seite 14 (Gemüsebeet): © anaterate, Seite 18 (Uhr): © Mayya666, Seite 18 (Geld): © janeb13, Seite 18 (Lineal): © Engin_Akyurt

Steffi Korda:
Seite 11 (Längs- und Querstriche), Seite 13 (n, u), Seite 23 (Trauben)

Antje Warnecke und Oliver Niekrenz:
Seite 25 (Würfel)

Impressum

Karibu – ein Verlag der Edel Verlagsgruppe

Neumühlen 17, 22763 Hamburg
www.karibubuecher.de

3. Auflage 2023

Mit freundlicher Genehmigung von Sven Nordqvist

Projektkoordination, Text und Lektorat:
Steffi Korda, Büro für Kinder- & Jugendliteratur, Hamburg
Layout und Umschlaggestaltung: Antje Warnecke, nordendesign.de
Druck und Bindung: optimal media GmbH, Röbel
Printed in Germany

ISBN 978-3-96129-102-1